Notice historique.

(Extrait de l'Annuaire des Landes, année 1879.)

VOYAGE D'UN LANDAIS
A la fin du XVII° siècle (Fin).
ET SITUATION DES LANDES
A cette époque.

Dans l'annuaire de 1878, nous avons rendu compte du voyage de notre compatriote Baratte dans le midi de la France, en Italie, en Suisse, sur les bords du Rhin et en Hollande. Nous analysons, cette année, la fin de son voyage qui embrasse Londres, Paris et la route de Paris à Ygos ou aux environs. Nous avons cru devoir compléter ce travail par une œuvre personnelle et certainement incomplète, le tableau hydrographique, agricole, statistique, administratif, judiciaire, ecclésiastique, etc. de notre département à la fin du XVII° siècle et dans les premières années du XVIII°. Nous réclamons pour cet essai toute l'indulgence du lecteur.

La description de Londres tient une grande place dans le récit un peu prolixe de Barrate. Il s'extasie sur la grandeur de la ville, la beauté de ses édifices, le nombre de ses habitants qu'il croit cependant inférieur à celui des parisiens, « Paris occupant pour le « moins autant de terrain et étant par consé- « quent plus peuplé, puisque les maisons sont « plus élevées et plus remplies qu'à Londres». Cette ville, avec ses 70,000 maisons, comptait, disait-on, 7 à 800 mille habitants. Mais ce qui le frappe surtout, c'est son commerce, ce sont les richesses que versent dans la cité des milliers de navire arrivant continuellement de toutes les parties du monde.

Comme aujourd'hui, l'air est froid à Londres, nous dit-il, et les brouillards joints à la fumée du charbon qu'on brûle partout y cachent presque toujours le soleil. « Les habitants « sont grands et passent pour les plus beaux « hommes du monde, étant blancs et blonds. « Ils font un bon repas à dîner et ne soupent « pas le plus souvent, mais prennent quelque

« boisson, comme café et chocolat... Leurs
« femmes passent pour les plus belles de l'Eu-
« rope ; elles sont de belle taille, le teint admi-
« rable avec beaucoup d'éclat ».

Baratte quitta Londres le 12 avril 1700 pour Douvres dans un carrosse public dont le prix était de 12 schelings par personne (13 fr 92) Il traversa Rochester, Cantorbéry, et ayant trouvé à Douvres un navire prêt à mettre à la voile, il s'y embarqua et fut poussé par la tempête à Ostende. De là il gagna successivement Bruges, Gand, Anvers, Bruxelles d'où «partaient tous les mercredis et les samedis pour «Paris des carrosses à 14 écus par place, sans «la nourriture : on y met 6 à 7 jours.» Mais comme notre voyageur voulait voir « à loisir » il prit place dans un chariot pour visiter Mons et sa célèbre abbaye de St-Valdrade, « l'une
« des plus fameuses de l'Europe. Les chanoi-
« nesses sont toutes nobles. Elles demeurent
« dans diverses maisons, aux environs de l'é-
« glise, et ont de bons revenus avec juridic-
« tion sur Mons et plusieurs autres villes du

« pays. Elles donnent une partie de leur
« temps à Dieu et l'autre au monde, car le
« matin elles vont à l'office habillées en reli-
« gieuses, avec un grand voile blanc, des her-
« mines ; le reste du jour elles sont habillées
« en demoiselles, prenant part à tous les
« plaisirs comme les autres dames du monde. »

A Keuvain, il quitte les Pays-Bas pour pénétrer en France, et nous décrit alors successivement Valenciennes, Cambrai, St-Quentin, Ham où il aperçoit les premières vignes, et Compiègne dont l'abbaye de St-Corneille renferme les tombeaux de plusieurs rois de la seconde race et un trésor
« qui consiste en une infinité de vases d'or
« et d'argent enrichis de pierreries. On
« voit dans un vase le suaire de N.-S. ou
« bien une partie, car on en montre de sem-
« blables en quelques autres endroits. Il y a
« un morceau de la table où se fit la cène
« une partie de la couronne d'épines, une
« croix d'or avec du bois de la vraie croix
« dedans. On voit le voile de la vierge dans

« un vase long et déplié, de plus de deux
« aunes, la tête de Sainte-Ursule, beaucoup
« de reliques d'Apôtres et autres grands
« saints, richement enchassées, plusieurs mem-
« bres des Innocents, un livre d'office très-
« ancien avec des camaïeux et jolies figures,
« relié richement, et un autre relié d'une
« couverture d'ivoire à figures qui a servi
« à Philoxénus, consul de Rome, il y a plus
« de 1200 ans. » Puis viennent Verberie, Sen-
lis, Gonesse, le Bourget, la Villette avec ses
nombreux cabarets, et enfin Paris où il loge
au pressoir d'or, rue Saint-Martin. Baratte
ne s'arrête pas à nous décrire cette ville
qui peut « avec justice passer pour la plus
« belle ville de l'univers. »

Après avoir visité Versailles « qui ne se
« soutient que par le séjour de la Cour, ne
« s'entretenant par aucun commerce », il
quitte Paris le 9 mai et traverse Bourg-la-
Reine, Chilly, Lonjumeau, Linas, Chartres où
il dîne, Tréfou, Etréchy, Etampes où il
couche et dont il admire les belles prairies

et le commencement des riches plaines de la Beauce, alors comme aujourd'hui sans arbres, Mondreville, Angerville, Toury, Artenay, Cercottes et arrive à Orléans où il loge « *aux* « *Trois empereurs*, bon cabaret », ajoute-t-il.

A Orléans il prend un bâteau pour descendre la Loire, passe devant Saint-Dié, Ménars, Blois, Chaumont avec son beau château « auquel il manque du terrain pour un jardin », Amboise où il arrive à la fin du jour. Il prend là des chevaux de poste et ensuite le messager de Poitiers, traverse Blère « par un temps fort chaud », couche au Fau, en part avant le jour, traverse Montelan, et par un beau pays de plaines fertiles, Sémes, La Celle, Les Ormes, premier village du Poitou, Chatelleraut, Tricherie, Poitiers, « triste et désagréable ville qui a beaucoup « de couvents et abbayes et 25 paroisses », Villefontaine, Colombiers avec un joli bois, Lusignan aux belles prairies, qu'il quitte le matin du 15 mai pour traverser successivement Le Chenet, La Barre, St-Légé, presque

désert par suite du départ des protestants, La Chapelle, Brou, Villedieu d'où il part le diman-
« che 16 mai parcourant un pays charmant mêlé
« de douces collines et plaines avec quelques
« vignes sans échalas ». Puis viennent Aulnai, les Eglises, St-Jean-d'Angely, « dans un
« beau pays mal bâti, mêlé de maisons de bois
« et de pierre », Xaintes sur la Charente,
« grosse comme l'Adour à Dax à peu près,
« plus profonde, » avec un ancien amphitéâtro romain, Mortaigne » avec une belle vue sur la mer », Cosnac, « bourg fermé de bons murs,
« où on nourrit beaucoup de chevaux, » Blaye divisée en haute et basse ville, « avec
« un cénotaphe vide qu'on a enjolivé en
« l'honneur de St-Romain ou de Childe-
« bert qui a été enseveli dans cette église où
« il ne paraît aujourd'hui rien d'antique. On
« s'embarque toutes les marées à Blaye ;
« on passe devant Laroque de Tau où on
« voit sur la colline la jolie maison de M.
« Grimard, le Bec d'Ambez, Lormont, petit
« village au pied de la colline avec la maison

« de l'archevêque sur le haut, en belle vue
« sur Bordeaux dont la perspective est des
« plus belles de France. » Il y arriva le 18
mai et alla loger à l'*Hôtel Richelieu*. Après un
séjour de 2 ou 3 jours il quitta Bordeaux
« avec un temps bien chaud, par la route
« ordinaire de Saucats, dîna à Ostens, tra-
« versa Belhade et coucha à Richet. Le 22,
« après la pluie du matin, le jour fut plus
« beau, et passant à Sabres, je vins, dit-il,
« dîner à Luglon d'où me rendis à ma maison
« (18 lieues de Bordeaux.) »

Ici s'arrête le voyage de notre compatriote.
Il avait, dit-il, visité 6 villes de premier
ordre : Rome, Venise, Milan, Amsterdam,
Londres, Paris ; 18 de second rang : Toulouse,
Marseille, Florence, Bologne, Padoue, Vé-
rone, Turin, Bâle, Strasbourg, Cologne,
Leyde, La Haye, Roterdam, Bruges, Gand,
Anvers, Bruxelles, Bordeaux ; 18 de troisième
rang parmi lesquelles Toulon, Sienne, Ge-
nève, Mayence, Utrecht, Valenciennes, Orléans, Poitiers ; 22 de quatrième rang et plus
de 150 villes « médiocres ou fort petites. »

Situation des Landes

A LA FIN DU XVIIᵉ SIÈCLE.

Nous allons essayer de donner un aperçu de l'état de notre département à la fin du XVIIᵉ siècle :

1° *Géographie physique.*

L'aspect des Landes ne différait naturellement que fort peu de celui qu'il présente aujourd'hui ; nous devons cependant signaler quelques particularités au point de vue de la côte océanique, des étangs et de l'hydrographie intérieure.

L'Adour en revenant à son embouchure primitive (1) avait laissé, entre Bayonne et Vieux-Boucau, toute une traînée d'étangs et de

---

(1) En 1260, par suite d'une violente tempête qui bouleversa les sables de l'embouchure de l'Adour, les eaux s'ouvrirent un nouveau lit et vinrent déboucher à Vieux-Boucau en jetant un bras de décharge à Capbreton. Cette situation dura jusqu'en 1579 où l'Ingénieur Louis de Foix les rejeta dans leur ancien lit et les y maintint par des digues considérables.

lagunes qui ne se sont désséchées que peu à peu, ou par suite de travaux importants, comme le marais d'Orx. Il s'était produit en amont un autre résultat qu'on devait naturellement prévoir, — : les terres riveraines de l'Adour et des Gaves qui formaient « un « marais inaccessible, toujours submergé par « les eaux », par suite du courant insensible du fleuve obstrué par les sables, s'étaient desséchées en partie et avaient pu se transformer en prairies et en riches cultures ; mais par contre les orages qui nous arrivent presque toujours de la mer et que la dune du Boucau déviait et rabattait sur le littoral, ainsi que le constatent les nombreuses relations des dégâts causés par ce fléau dans la Maremne et le Marensin où la grêle est aujourd'hui presque inconnue, changèrent de direction et remontant le cours de l'Adour et des Gaves vinrent s'abattre désormais dans leurs riches vallées et dans celles de leurs nombreux petits affluents.

Les étangs du littoral n'existaient généralement pas avant la fin du XVIe siècle ; aucun document antérieur à cette époque n'en fait mention, parmi ceux du moins que nous connaissons ; et, en remontant le cours des âges, on trouve des traces de routes et d'habitations là où s'étalaient et s'étalent encore les eaux des étangs Blanc, de Soustons, Léon, Lit, Aureilhan. — Comment se sont-ils formés? Au midi, les petits cours d'eau de la Maremne et du Marensin qui s'écoulaient dans l'Adour, alors qu'elle débouchait au Vieux-Boucau, n'ayant plus la force nécessaire pour vaincre la résistance opposée par l'accumulation des sables que rejetait l'Océan, se trouvèrent refoulés dans l'intérieur du pays qu'ils menacèrent d'une submersion totale, comme le constate le mémoire adressé à Louis XV par les habitants du Vieux-Boucau.

Au nord, ce furent les sables qui créèrent les étangs et ce sont eux qui les maintiennent. Ces sables rejetés par la mer, et qui marchaient avec une vitesse de 27 à 28 mètres par an, parce que les anciennes forêts ayant disparu ne les retenaient plus, contraignirent les habitants de Vielle-St-Girons, Mixe, Bias à déplacer leurs églises, ensevelirent une partie des paroisses d'Escalus, Léon, St-Girons de Lest, etc. Les canaux de dégorgement à la mer se trouvant ensablés, les eaux s'amoncelèrent et formèrent ou tout au moins agrandirent considérablement les étangs de cette partie du littoral jusqu'à ce que l'ensemencement des dunes ait mis fin, au commencement de ce siècle, à la marche des sables et au refoulement de l'eau des étangs.

La carte dressée en 1600 par Jean et Guillaume Blaew montre et l'absence des étangs et un chapelet de lagunes maritimes au nord de Bayonne. Elle indique aussi, vis-à-vis le Vieux-Boucau, une sorte d'île ; c'était évidemment l'îlot sablonneux formé à l'ancienne barre de l'Adour et qui constitue la plaine de sable s'étendant aujourd'hui du bourg du Vieux-Boucau à la mer.

Jetons maintenant un coup d'œil sur les rivières du département :

1º Adour. — Ce fleuve n'était navigable que depuis Mugron (1). La partie supérieure de son cours put avoir accidentellement quelques bâteaux à partir de St-Sever, mais ce fut l'exception, ainsi qu'il résulte des études de M. Pirel, Ingénieur des Ponts et chaussées (2) Quant à la navigation amont de St-Sever, elle n'a jamais existé. Les bois expédiés d'Aire ou des environs pour les constructions navales, ainsi que les nombreuses bariques fabriquées à Grenade s'expédiaient par trains flottants et non par bâteaux : à St-Sever les barriques partaient, par bouviers, pour la Chalosse, et les madriers formés en trains continuaient à descendre l'Adour. — « Le dernier départ des trains à St-Sever date « de 1850 ; on expédiait encore vers 1847 de « 40 à 45 radeaux par an » (2).

D'ailleurs, il y a, ajoute M. Pirel, « un « fait qui s'oppose à l'hypothèse d'une navi-

---

(1) Coulon. — Les rivières de France. — 1644.
(2) Etudes sur la navigation du Haut-Adour. — 1852.

« navigation au dessus de St-Sever ; c'est
« l'existence des digues des moulins de Saint-
« Maurice, près Grenade, et de St-Jean, près
« Cazères, digues qui existent de temps immé-
« morial et qui n'ont jamais été munies de
« passelis. »

Le port de Mugron avait au XVII° et XVIII° siècles une grande importance par sa position entre la Chalosse et la Lande ; c'était là que commençait la navigation régulière de l'Adour. Il s'y trouvait souvent « depuis la St-Martin
« jusques au mois d'avril 1,500 barriques de
« vins et grains de toute espèce. » Le fleuve baignait alors le pied du côteau sur lequel se développe la rampe de la route départementale n° 112. « De grands magasins étaient
« établis au pied de ce côteau, pour recevoir
« en dépôt les vins et autres marchandises. »
C'est l'ancien port ; on y embarquait des quantités considérables de vin pour Dax, Bayonne, les Pays-Bas, Brême, Hambourg, Stettin et Copenhague.

Le port de Laurède, annexe de celui de

Mugron, n'existait pas, ainsi que le constate M. Pirel.

La Midouze n'était navigable que depuis Tartas. « La Douze se joint au Midou chargé « du Ludon dans les fossés de Mont-de-Marsan » et puis descend à Tartas prendre les ba- « teaux qu'il porte dans l'Adour une lieue « plus bas. » (1).

Les autres rivières, à part peut-être les Gaves, n'étaient point utilisées par la navigation.

L'hydrographie du département à la fin du XVIIᵉ siècle peut donc se résumer ainsi : Adour flottable d'Aire à St-Sever, navigable accidentellement de St-Sever à Mugron, navigable toute l'année de Mugron à Bayonne et transportant par cette voie de grandes quantités de vin, de grains, et de bois pour les constructions navales ; — Midouze navigable depuis Tartas, et ne devant pas tarder à l'être depuis Mont-de-Marsan où nous avons

---

(1) Coulon. — Ouvrage déjà cité. — 1644.

vu le port si animé, il y a à peine 30 ans. — Dunes en mouvement incessant, ensablant champs, habitations, refoulant les eaux des ruisseaux et créant ainsi ou du moins agrandissant les étangs du littoral.

2º *Population ; agriculture ; productions ; commerce.*

Il est imposible d'avoir des indications précises sur la population du pays, en l'absence de tout dénombrement régulier ; mais un examen attentif des registres des naissances et des décès permet de conjecturer que la population, dans la Lande du moins, après avoir teint son maximum au commencement du XVIIº siècle, allait en décroissant considérablement dès la seconde moitié de ce siècle, et cela par suite de la misère, des guerres continuelles et des terribles épidémies dont ces registres nous donnent les effrayants résultats : En 1669, on compte à Lit 22 décès pendant les mois de septembre et d'octobre ; 50 à Linxe en 1721 et 71 en 1731 ; 68 à St-Julien en 1730 ; 45 à Messanges et 56 à Castets la même année ; 63 à Uchacq en 1766 ; 27 à St-Martin-d'Oney en 1670 ; 49 à Ygos en 1691. La proportion des décès aux naissances est dans quelques communes comme 2,05 est à 1.

En 1727 les eaux du canal à Capbreton avaient détruit plus de 70 maisons, et en 1735 les habitants étaient si misérables que le curé les avait abandonnés pour se retirer à Labenne. Il faut ajouter à ces redoutables épidémies causées par les exhalaisons des marais, l'ensablement par les dunes des métairies et des paroisses même du littoral ; c'est ainsi qu'aux XVII° et XVIII° siècles, Vielle, Mixe, Bias durent déplacer leurs églises, et qu'Escalus, Léon, St-Girons de Lest furent ensevelis en partie.

Il existait dans quelques communes un certain nombre de ces parias appelés chez nous *chrestians*, *gésitains*, *cagots* et ailleurs *Bohémiens*, *Gahets*, etc. Les registres de la commune de Roquefort mentionnent, à la date du 1er février 1669, la naissance d'une fille issue d'un père *gésitain* ; son parrain est aussi gésitain. A Aire, on comptait, en 1649, 11 cagots, tous charpentiers et résidant dans *l'enclos des Cagots*. Ils habitaient en effet des quartiers particuliers comme *les Gézits* à Mont-de-Marsan, et exerçaient généralement les métiers de charpentiers ou de cordiers. Ils avaient jusque dans les églises une porte, un bénitier et une place à part.

Le métayage dominait, comme aujourd'hui, dans l'exploitation de la propriété beaucoup moins morcelée qu'à l'époque actuelle (1). En Chalosse, il y avait 3 sortes de métairies : 1° la métairie de vignes échalassées d'une superficie de 2 à 6 arpents de vignes et 2 à 3 arpents de chataigneraies, pour la production des échalas ; 2° la métairie de terre labourable et de piquepoult d'une étendue double de la précédente, avec une paire de bœufs ; 3° la métairie de terre labourable de 10 à 30 ar-

---

(1) En 1789, il y avait 18,000 propriétaires ; il y en a maintenant environ 44,000.

pents avec deux paires de bœufs et une portion de lande pour le soutrage. — Les maisons étaient en pierres, couvertes en briques, entourées d'un jardin. Les hommes étaient généralement grands et robustes, portant le béret bleu ou brun, la veste de drap solide; le petit gilet, « le tout recouvert d'une *blaude* « en toile blanche avec capuchon pointu, « c'était la *chamarre*. » Les femmes avaient un bonnet de mousseline gauffrée, haut monté attaché sous le menton par un ruban couleur rose.

Dans la Lande, il n'y avait qu'une sorte de métairie, composée de maigres terres labourables, de 2 ou 3 mauvais prés, de pins à gemmer et de landes pour les troupeaux de moutons et de chèvres. La maison construite en torchis était généralement couverte en paille ; point de plancher, pas de vitres aux fenêtres ; à côté une étable à bœufs, un parc à moutons et une fournière; le fumier remplissait les intervalles. « Les hommes, — la « bourgeoisie exceptée, — étaient pâles, dé-

« colorés ; leurs vêtements étaient grossiers
« et leurs manières sauvages. » Cette situation
était le résultat des exhalaisons des marais,
de l'usage d'une eau croupie pour boisson, et
d'une mauvaise nourriture composée exclusivement de millade, d'un peu de salé et de
quelques sardines. Il n'y a donc pas à s'étonner si en l'an XII, alors que la taille réglementaire était partout de 4 pieds 11 pouces,
il avait fallu la réduire pour la Lande à
4 pieds 9 pouces.

On cultivait en Chalosse et sur les rives de
l'Adour le froment, le seigle, le millet et on
essayait la culture du maïs (1) ; dans la Lande,
le seigle, le millet, le panis. Les prairies naturelles étaient improductives, faute d'engrais
et d'arrosage ; il n'existait pas une seule prairie artificielle.

Les forêts, à part les pignadars, rapportaient fort peu par suite du manque de

---

(1) On croit que la culture du maïs fut introduite dans la région de l'Adour vers 1690 par un Cordelier revenu d'Espagne.

routes ; seules celles qui avoisinaient l'Adour donnaient lieu à une exploitation un peu importante. Le bois de chauffage se vendait sur les lieux à raison de dix sous le stère actuel ; on abandonnait même à qui voulait les prendre les pins tombés de vétusté ou abattus par le vent. Les essences, en dehors du chêne, étaient le tilleul, le chataignier et l'ormeau ; le platane, l'accacia et le peuplier d'Italie étaient inconnus dans notre département avant le XIX° siècle. (1)

Les vignes occupaient une grande étendue dans le Tursan et surtout dans la Chalosse. On peut évaluer le produit en vin de 70 à 80,000 barriques dont 60,000 pour la contrée entre l'Adour et le Leuy. Les vins rouges et les vins blancs, — le piquepoult excepté, — étaient qualifiés *des meilleurs de tout le pays de la Guyenne.* (2) Une partie était consom-

---

(1) L'accacia y fut introduit en l'an VIII.

(2) Archives des Landes. Supplément à E. page 45. Les crus de Gaujacq, Bastennes, Brassempouy, etc, gagneraient à être mieux connus.

mée dans le pays même ; le reste, 18 à 20,000 barriques, allait s'embarquer, comme nous l'avons déjà dit, à Bayonne pour le nord de l'Europe. Le piquepoult était converti en eau-de-vie renommée qui prenait le même chemin.

La vigne était cultivée en petit dans le Born et le Marensin, comme le témoignent les statuts de Mimizan et de Biscarosse.

Les fruits et les légumes étaient presque sans valeur, faute de voies rapides. Quant aux produits résineux, leur quantité pouvait s'élever de 20 à 30,000 quintaux métriques d'une valeur de 3 à 4 livres le quintal. Ces divers produits, brai, goudron, huile de thérébéntine s'écoulaient par Bordeaux et Bayonne ; Dax était alors, comme aujourd'hui, un marché important pour ces matières ; il y avait au Sablar un poids public et des peseurs assermentés.

Les races bovine, ovine, porcine étaient moins nombreuses que de nos jours ; la race chevaline paraît pouvoir être représentée par les mêmes chiffres ; quant à la race caprine, elle était au moins cinq fois plus considérable.

Nous donnons ci-après le prix de quelques denrées et marchandises à la fin du XVIIe siècle ou dans les premières années du XVIIIe.

Saint-Justin : Bœuf et vache, 5 sous la livre carnassière.

Mouton et veau, 9 sous $1/2$.

Vin, 20 livres la barrique de 240 verges (345 litres.)

Coudures : Blé, 30 sous la mesure (17 litres, 3).

Orge, 27 sous.

Millet, 26 sous.

Vin ouillé, 22 livres la barrique.

Tartas : Bœuf, 5 et 6 sous la livre.

Veau et mouton, 8 sous.

Dax : Mouton, 6 sous la livre.

Bœuf du Limousin, 4 sous.

— du pays et du pays basque, 3 sous.

Porc, 5 sous.

Vin, 15 livres la barrique.

Glace, 8 deniers la livre. (Il y avait à Dax et à St-Sever des glacières appartenant à la ville.)

Saint-Sever : Bœuf gras, 6 sous la livre.
— du pays, 5 sous.
Mouton et veau, 8 sous.
Froment, 23 sous le quartau.
Seigle, 17 sous.
Millet, 14 sous.
Panis, 11 sous.
Eschat de vin (40 litres 1/2), 27 sous.
Bois de barrique, 40 sous.
Capbreton : Louvine, 4 sous la livre.
Brochet, carpe, tanche, etc. 3 sous.
Villeneuve : Vin, 30 livres la barrique.
Huile, 12 sous la livre.
Chandelle, 9 sous.
Sucre, 18 sous.
Savon, 10 sous.
Poivre, 24 sous.
Bougie blanche, 48 sous.
— jaune, 30 sous.
Morue, 6 sous.

Chaussons, 25 sous la paire.
Poules, 18 sous. *Idem.*
Gros poulets, 8 sous. *Idem.*
Lièvre, 8 sous.

Journée de charpentier, menuisier, maçon, 10 sous avec la nouriture, et 18 sous sans la nouriture ; — Journée de manœuvre de terre, 4 sous avec la nourriture ; une paire de souliers à double semelle, 3 livres 15 sous ; un cas de gros bois à brûler, 30 sous.

3° *Administration politique et civile ; Finances ; milices provinciales.*

Notre département dépendait en 1700 de l'Intendance de Guyenne ; l'Intendant était alors Ives-Marie de La Bourdonnaie qui avait succédé à Louis Bazin de Bezons. Les attributions des intendants étaient, comme celles des préfets, très-multiples : elles touchaient à tout, administration communale, finances, culte, armée, marine, police, etc.

Les intendants avaient souvent dans les diverses régions de leur intendance des *sub-*

délégués nommés par eux et toujours pris dans le pays même : c'étaient nos sous-préfets actuels ; ils n'apparaissent dans nos Landes, à Mont-de-Marsan, Saint-Sever, Dax et Bayonne qu'au XVIIIe siècle.

Les villes de Mont-de-Marsan, Saint-Sever, Dax, Tartas, Villeneuve, Mugron, etc. avaient un maire à vie, (La mairie d'abord élective était devenue une charge dont disposait l'Etat ; elle ne redevint élective qu'en 1719), 2, 3 ou 4 jurats, un procureur-syndic, un secrétaire, un trésorier et un assez grand nombre de conseillers (26 à Mont-de-Marsan) nommés à la pluralité des suffrages par les notables. Les communes rurales avaient généralement un syndic, 2 ou 4 jurats dont l'un remplissait le rôle de trésorier de la communauté, tous élus par les notables. A Saint-Justin les jurats portaient le nom de *consuls*.

Au point de vue de l'impôt, il y avait une *Election*, celle des Lannes comprenant 337 paroisses dont 28 font aujourd'hui partie des Basses-Pyrénées et un *Pays d'états*, le

Marsan avec le Gabardan renfermant 99 paroisses (¹),

Les impositions étaient :

La *taille* ou impôt foncier qui ne frappait pas indistinctement toutes les terres, car il y avait les fonds *taillables* et les fonds *non taillables* ;

La *capitation* définitivement établie en 1701 qui pesait sur tous les habitants indistinctement et se subdivisait en capitation des nobles, capitation des privilégiés et capitation roturière ;

Les *impositions* accessoires ou du *second brevet* comprenant le *taillon* de la gendarmerie (cavalerie de l'armée), les gages des officiers et archers de la maréchaussée, les dépenses des étapes des troupes, etc. ;

Les *vingtièmes* qui se subdivisaient en vingtième rural frappant tous les fonds, maisons et autres objets susceptibles de revenu, —

---

(1) Dans les pays d'élections appelés *généralités*, l'impôt était réparti par les délégués royaux ; dans les pays d'états c'étaient les députés qui votaient et répartissaient les impositions.

vingtième d'industrie supporté par les commerçants et les industriels des villes seules,—vingtième des offices qui se percevait sur les charges des notaires, procureurs, huissiers, etc. — Le clergé ne payait pas de vingtièmes.

Outre ces impositions dites royales, il y avait les impositions provinciales, sorte de budget départemental pour les ponts et chaussées (œuvres d'art), les frais d'assemblée des Etats dans les pays qui, comme le Marsan, étaient pays d'Etats, les appointements des inspecteurs aux manufactures, etc. — Il y avait enfin les impositions communales.

Voici comment se répartissaient et se levaient ces diverses impositions :

Dans le Marsan, pays d'Etats et pays *abonné*, les députés des Etats répartissaient le montant de la taille, *fixe* par suite de l'abonnement, entre toutes les communautés, en raison de leurs feux, d'après un ancien affouagement au cadastre dont il n'existait cependant plus de vestiges. Pour les communautés de l'élection des Lannes, c'était l'intendant qui leur expédiait le montant de leurs côtes respectives, et ensuite les jurats avec les cotisateurs et les auditeurs de comptes en faisaient la répartition ou par métairie ou par journal, selon leurs usages.

La capitation se payait au marc la livre de la taille et était souvent portée sur le même rôle que cette dernière ; mais on dressait des rôles particuliers et nominatifs pour les nobles, les privilégiés, les officiers de justice et les employés des fermes.

Les impositions accessoires étaient confondues avec la taille.

Les vingtièmes qui avaient pour base les renseignements recueillis sur l'évaluation des revenus des biens fonds, du négoce, des offices se répartissaient, comme les autres impositions, entre les communautés, à proportion de leurs feux. Chaque communauté, répartissait ensuite son contingent en y faisant contribuer les biens nobles dans une certaine proportion : ainsi à Villeneuve, les biens ruraux supportaient les 4/5 des vingtièmes, à raison de 5 sous 3 deniers par journal ; le dernier 5° était supporté par les biens nobles.

Les collecteurs, au nombre de 1 à 3 étaient responsables de leur rôle ; ils versaient les fonds dans la caisse du receveur particulier, et ce dernier les versait dans celle du receveur général de la généralité.

Nous n'avons pas tous les documents nécessaires pour indiquer le montant des impositions royales dans notre département à la fin du XVII° siècle, mais nous pouvons en donner le relevé pour l'année 1787, à la veille de la Révolution.

Mont-de-Marsan et sa banlieue (33 paroisses)	637,869^l	13^s	4^d
Bastilles de Marsan avec le Gabardan, (nord-est du département. 67 paroisses)...	60,381	23	9
Election des Lannes (337 paroisses)......	848,714	13	2
TOTAL......	946,766^l	10^s	3^d

Quant aux impositions provinciales, elles étaient dans le Marsan et les Bastilles de 12,253 livres 6 sous 3 deniers.

Outre les *régiments du roi* formés par enrôlements volontaires, il y avait les *milices provinciales* formées par enrôlement forcé. Les paroisses appelées à fournir, suivant les besoins, un ou plusieurs militaires désignaient primitivement l'individu ou les individus dont on voulait se débarrasser, mais plus tard, pour obvier aux inconvénients de cet acte arbitraire, elles dressèrent l'état des garçons et hommes veufs de 18 à 40 ans. L'Intendant ou son subdélégué en excluait les infirmes, les privilégiés et ceux qui n'avaient pas la taille, puis on tirait au sort. La paroisse équipait son milicien et en était responsable, tant qu'il n'était pas incorporé. Aussi trouvons-nous dans les registres des délibérations de la communauté de Saint-Justin (fin du XVIIe siècle) : « Dépense pour l'habillement et la « conduite de 2 miliciens à Mont-de-Marsan, « savoir : une épée 3 livres, un ceinturon 5

« sous, 2 paires de souliers demi usés 3 li-
« vres ; pain et vin pendant le séjour en pri-
« son 14 sous ; gratification à chacun d'eux
« 30 sous. » La durée du service militaire
était généralement de 6 ans. Le remplace-
ment militaire était admis ; il en était de
même de l'exonération, moyennant le verse-
ment dans les caisses de l'Etat d'une somme
de 75 livres par an. (1)

C'était l'intendant militaire qui convoquait
les miliciens, les maintenait dans leurs foyers,
les passait en revue et les congédiait.

4º *Justice.*

Les tribunaux, désignés sous le nom de *sé-néchaussées* étaient :

La sénéchaussée de Mont-de-Marsan, dont le siége était Mont-de-Marsan ;

La sénéchaussée des Lannes avec deux sié-ges, St-Sever et Dax ;

La sénéchaussée d'Albret avec 4 siéges,

---

(1) Ordonnance royale du 1er février 1705. Règlement du 10 septembre 1709.

Tartas, Nérac, Casteljaloux et Castelmoron ; Le premier seul de ces sièges était dans notre région.

La sénéchaussée de Mont-de-Marsan embrassait les paroisses du Marsan et du Gabardan sauf Maillas qui dépendait de la sénéchaussée de Bazas. Le marquis de Lacaze avait la haute justice sur le Parleboscq.

La sénéchaussée des Lannes au siége de St-Sever, en y comprenant la prévoté royale, s'étendait d'Artassenx à Arzac, Amou, Puyoo, Donzacq, Montfort, Mugron, Souprosse, Benquet et comprenait 111 paroisses dont 11 sont actuellement dans les Basses-Pyrénées. Le vicomte de Juliac avait la haute justice à Créon, Betbezer, Arouille, Mauvezin, Saint-Julien.

La sénéchaussée des Lannes au siége de Dax, y compris la prévoté royale, embrassait au nord le vicomté de Belhade, (Belhade, Biganon, Moustey, Muret, Saugnac) et tout le pays, de Téthieu à Estibeaux, Habas, Lahontan, Leren, Hastingues, Port-de-Lanne, Saint-

Lon, Magescq, Gourbera, soit 70 paroisses dont 8 font aujourd'hui partie des Basses-Pyrénées.

La sénéchaussée d'Albret au siége de Tartas, établie en 1566 par Jeanne d'Albret, comprenait l'Albret érigé en duché-pairie par lettres patentes d'Henri II (20 avril 1550) et qui s'étendait d'Argelouse à Liposthey, Ychoux, Escource, Rion, Pontonx, Bégaar, St-Yaguen, Ygos, Labrit, Sabres, Trensacq, Cassen, Sore, Pissos, avec la baronnie de Seignanx, le pays de Gosse, la Maremne, le Marensin et le Born. C'était la plus étendue de nos sénéchaussées ; elle comptait 125 paroisses et s'étendait de Bayonne à Sanguinet. Le duc de Bouillon devenu duc d'Albret depuis 1651, par suite de l'échange de la principauté de Sédan et de Raucourt avec Louis XIV, avait la haute justice dans plus de 50 de ces paroisses ; à Laharie, Rion, Pontonx, elle appartenait au marquis de Pontonx.

Chaque sénéchaussée comprenait un certain nombre de juridictions secondaires — nos justices de paix actuelles. — Il y en avait 7 dans la sénéchaussée de Marsan, 26 dans celle de Saint-Sever, 35 dans celle de Tartas ; nous n'avons pas les noms de celles qui composaient la sénéchaussée de Dax.

Les magistrats composant ces tribunaux étaient : un grand sénéchal, titre purement honorifique, un lieutenant général, un lieutenant particulier, un lieutenant criminel, un lieutenant de police, un assesseur, un procureur du roi et un greffier.

Outre ces sénéchaussées, les Landes avaient un *présidial* établi à Dax. Les présidiaux établis par Henri II en 1551, pour décharger les parlements d'un certain nombre d'appellations, jugeaient par appel en dernier ressort jusqu'à la somme de 250 livres de principal, et par provision, nonobstant appel jusqu'à 500 livres. Les officiers des présidiaux étaient les mêmes que ceux des sénéchaussées.

Les sénéchaussées de notre pays ressortissaient au parlement de Bordeaux établi par Louis XI en 1462.

Les peines infligées le plus ordinairement

dans les affaires criminelles étaient le bannissement hors de la sénéchaussée ou de tout le ressort du parlement, les verges, les galères avec la marque par le fer rouge, la pendaison, la roue. La question ordinaire et extraordinaire était en vigueur; elle ne fut abolie qu'en 1780 et 1788.

5° CLERGÉ.

§ 1 — Clergé séculier.

Notre département comptait 2 évêchés, Aire et Dax, tous deux suffragants d'Auch (1).

L'évêché d'Aire comprenait 6 archiprêtrés : de Chalosse, — 56 paroisses;— de Marsan,— 16 paroisses;—de Mauléon.— 15 paroisses; — du Plan, — 20 paroisses,—; de Roquefort, 22 paroisses ; — de Tursan, — 27 paroisses, soit en tout 156 paroisses avec 107 annexes.

La plus grande partie de l'archiprêtré de Mauléon fait aujourd'hui partie du Gers; le

---

(1) En 1700 l'Archevêque d'Auch était Armand Tristan de la Baume de Suse, l'Evêque de Dax Bernard d'Abadie d'Arboucave, et l'Evêque d'Aire Louis Fleuriau d'Armenonville.

Born dépendait du diocèse de Bordeaux, le Gabardan de celui d'Auch ; Cassen, Luxey, Biganon, Argelouse, Mano, Moustey, Pissos, Saugnac-et-Muret appartenaient au diocèse de Bazas, et Argelos, Bassercles, Beyries, Castaignos, Peyre, Philondenx, Poudenx, Castelner à celui de Lescar.

Les résidences des archiprêtres étaient Artiguebaude (en Souprosse), Uchacq, Mauléon, Le Plan, Arue, Urgons.

L'évêché de Dax comprenait 15 archiprêtrés : de Gresin, — 14 paroisses; — de Gosse et Seignanx, — 14 paroisses ; — de Maremne, — 14 paroisses ; — de Marensin, — 12 paroisses ; — de Lanesq, — 9 paroisses ; — de Rivière-la-Douze, — 9 paroisses ; — de Chalosse, — 13 paroisses ; — d'Auribat, — 9 paroisses; — d'Orthe, — 12 paroisses ; — de Gert et Pouillon, — 10 paroisses ; — de Brassenx, — 11 paroisses ;— de Lescanaux, — 12 paroisses ; — de Rivière-Luy, — 4 paroisses ; — de Rivière-Gave, — 6 paroisses; — de Rivière-Fleuve, — 10 paroisses; soit en tout 159 paroisses.

Le diocèse de Dax comprenait en outre les archiprêtrés d'Orthez, de Salies, de Jutsaï, de Mixe et d'Ostabat actuellement du diocèse de Bayonne.

Les résidences des archiprêtres étaient : Tercis, Saubrigues, Soustons, Léon, Pouy, Tartas, Montfort, Lourquen, Pardiis (en Peyrehorade), Pouillon, Villenave, Labouheyre, Amou, Ossages, Sordes.

§ 2. — *Clergé régulier.*

Les ordres religieux d'hommes étaient représentés : par les abbayes de Saint-Sever, de Sordes, de Cagnote, de Pontaut (en Monségur) et de Sainte-Quitterie au Mas d'Aire (1) (ordre de saint Benoit) ; de saint Jean de la Castelle, à Duhort, de Divielle, à Goos, d'Arthous à Hastingues (ordre des prémontrés) ; le couvent des Augustins, à Geaune ; le cha-

---

(1) L'abbaye du Mas d'Aire fut réunie en 1704 au séminaire diocésain. Les prieurés bénédictins de Mimizan, Nerbis, Souprosse, Pontonx, Montaut n'existaient plus ; il en était de même des couvents de Carmes à Cachen et de Chartreux au Sen.

pitre royal du St-Esprit, à Saint-Etienne près Bayonne ; les Collégiales de Pimbo, de St-Loubouer, de St-Girons ; les couvents de Cordeliers à Mont-de-Marsan, Dax, Tartas et Vieux-Boucau ; les couvents de capucins à St-Sever, Dax, Grenade ; les couvents de Jacobins ou de Dominicains à St-Sever, — de Barnabites à Mont-de-Marsan, Dax, — de Carmes à Dax ; — des chapitres de prébendiers à Mont-de-Marsan, (dit de Brisquet), à Dax (dit de Capdeville), à Tartas et à Capbreton ; une maison de Lazaristes à Buglose.

Il y avait aussi les commanderies de saint Antoine de Galoni à Bats, — de saint Antoine à Roquefort, — de saint Esprit à Audignon, — de saint Antoine à Gamarde, — de Bessault à Lugaut, de Pécorade, et le prieuré de saint Gilles à Montgaillard (1).

Les ordres religieux de femmes étaient re-

---

(1) Les diocèses d'Aire et de Dax par M. l'abbé Légé.

présentés par les couvents de Clairisses à Mont-de-Marsan, Dax, Tartas et Roquefort; — d'Ursulines à Mont-de-Marsan, Dax, St-Sever, Tartas et St-Esprit qui avait aussi un chapitre royal de Bernardines (1).

6° *Instruction publique.*

L'instruction secondaire comptait 4 collèges, Aire, Saint-Sever, Mont-de-Marsan et Dax.

Le collége d'Aire fondé en 1553 était sous la direction de l'évêque et fréquenté surtout par des externes.

Le collége de Saint-Sever établi en 1699 par les bénédictins n'avait qu'une existence précaire.

Le collége de Dax fondé au XVI° siècle et primitivement dirigé par des laïques avait été confié en 1631 aux Barnabites et se trouvait dans de bonnes conditions de prospérité.

Le collége de Mont-de-Marsan avait été établi en 1656 par la ville et confié aux Barnabites.

(1) En 1700 l'abbé de Sordes était Louis de Montesquiou d'Artagnan (il était en même temps abbé d'Arthous); celui de Divielle Jacques d'Aspremont; celui de St-Sever Antoine Anselme; de St-Jean de la Castelle Pierre d'Abadie.

L'instruction secondaire était donc largement organisée. On enseignait dans ces collèges le latin, l'histoire, la géographie et la rhétorique, — Le nombre des élèves était-il considérable ? — Les documents nous manquent pour répondre à cette question.

Quant à l'instruction primaire, elle n'existait pas pour ainsi dire dans le Marsan, le Gabardan et la Lande (1) ; mais dans les autres régions du département, les écoles étaient assez nombreuses et fréquentées par un grand nombre d'élèves. On leur apprenait, tant bien que mal, à lire, à écrire et à calculer ;— d'histoire et de géographie pas un mot. — La rétribution scolaire variait généralement de 5 à 10 sous, suivant que l'enfant apprenait à *lire*, à *écrire*, à *chiffrer*. Elle était souvent

---

(1) Un petit nombre d'enfants se rendaient, à l'époque de la première communion, pendant 8 à 10 mois, à l'école de Roquefort. A l'stigarde, l'ignorance était telle que le rôle de la taille était dressé au moyen *d'entailles faites sur un bâton.* (Arch. des Landes, H. 199.)

payée en nature ; parfois même, comme à Heugas, l'instituteur était *nourri et logé à tour de rôle chez les habitants, suivant l'usage.*

La plupart des instituteurs venaient du Béarn; c'étaient les Jurats des paroisses qui les appelaient ; le curé les autorisait et l'évêque les approuvait pour un temps, sauf à renouveler cette approbation.

Notre pays n'avait aucune imprimerie ; la plus ancienne remonte à 1768 et fut établie à Dax en faveur de Roger Leclerc.

7° Travaux publics. — Voirie.

La plupart des églises et abbayes de la Chalosse avaient été spoliées, brûlées ou à demi démolies par les soldats protestants de Montgomery ; elles ne s'étaient relevées que difficilement, et, dans bien des localités, la pénurie des ressources locales — L'Etat ne venait pas à leur aide comme aujourd'hui — était telle qu'on s'était contenté de refaire la toiture et de parer aux nécessités les plus urgentes ; de là tant d'églises décapitées de leur clocher en tout ou partie, vides de leurs cloches, nues d'ornements et d'un délabrement qui affligeait les fidèles. (¹) A part la reconstruction de la cathédrale de Dax, nos archives nous révèlent très-peu de travaux d'utilité communale au XVII° siècle : on entretenait tant bien que mal ce qui existait, églises, presbytères;—de mairies, à part dans quelques villes, il n'en existait pas : les assemblées se tenaient dans une chambre du clocher, dans le cimetière ou sous le porche de l'église.

La voirie n'était pas dans un meilleur état, à en juger par sa situation dans la seconde moitié du XVIII° siècle. — Tous nos ponts sont postérieurs à cette époque ; Il en est de même de presque toutes nos routes.

---

(1) Il résulte de 2 procès-verbaux de visite de l'abbaye des Bénédictins de St-Sever en date de 1700 et 1709, que l'église était sans fenêtres et sans portes, que le cloître était à moitié écroulé, qu'il y avait un coffre pour tabernacle, qu'il n'y avait ni infirmerie ni chambre pour les hôtes, pas même de livres pour le service divin. — (Archives des Landes, H 141 et 143).

Tableau des routes du département au XVIII° siècle. (¹)

1° *Grande route de poste de Paris en Espagne*, par Bordeaux, les Grandes-Landes et Bayonne.—Largeur 42 pieds. Jusqu'à Saint-Vincent-de-Tyrosse, elle ne présentait qu'une ligne à peine indiquée au milieu des sables mouvants ; on se contentait d'y entretenir quelques ponts de bois sur les ruisseaux et de combler les plus mauvais passages avec des troncs d'arbres.

2° *Route des messageries royales de Bordeaux à Bayonne*, par Langon, Bazas, les Petites Landes, Mont-de-Marsan, Tartas et Dax. Elle rejoignait la précédente aux abords de Saint-Vincent-de-Tyrosse. Cette route était en assez bon état, quoiqu'elle présentât de mauvais passages et des sables purs entre Roquefort et Bazas et entre Tartas et Dax. — Largeur 36 pieds.

---

(1) Les archives de la préfecture ne renferment sur la voirie que des documents postérieurs à 1746.

3° *Route des troupes de Dax en Espagne*, par St-Lon et Port-de-Lanne. — Largeur 36 pieds.

4° *Route de poste de Paris aux eaux minérales des Pyrénées.* C'était jusqu'à Castets, la même que la route de Paris en Espagne à travers les Grandes Landes. De Castets, elle se dirigeait, par des sables presque impraticables, vers Dax et de là sur Navarreinx. Route en mauvais état. — Largeur 30 pieds.

5° *Route de Paris aux eaux minérales des Pyrénées*, par Bordeaux, Langon et Roquefort. A partir de cette dernière localité, elle se dirigeait sur Villeneuve, Aire et Pau. Elle était en fort mauvais état à partir de Roquefort. — Largeur 36 pieds.

6° *Route de Paris aux eaux minérales des Pyrénées*, par Bordeaux, Langon, Roquefort, Villeneuve, Aire et Vic-Bigorre. La même que la précédente jusqu'à Aire. — Largeur 30 pieds.

On voit qu'il n'y avait en définitive qu'une route où pussent circuler facilement des voitures, celle de Bordeaux à Bayonne par les petites Landes. Quant aux voies de communication connues aujourd'hui sous le nom de routes départementales, chemins de grande communication, chemins d'intérêt commun, elles n'existaient pas ou n'étaient que d'impraticables chemins.

Les travaux des routes, autres que les travaux d'art, se faisaient au moyen de la corvée qui venait d'être établie. Comme dans notre département, les localités sont fort éloignées les unes des autres, il arrivait que les corvéables avaient quelquefois 5 à 6 lieues à faire pour se rendre sur le chantier et autant pour en revenir : ainsi on se rendait de Gabarret et du Parleboscq sur la ligne de Bordeaux à Bayonne. Ce qui surtout rendait la corvée vexatoire et impopulaire, c'est qu'elle ne pesait que sur les populations rurales.

Il existait sur l'Adour un pont à Aire, un à Dax, un à Bayonne, et sur la Midouze un à Tartas. — Ces ponts furent emportés le 6 avril 1770 par un débordement extraordinaire et remplacés provisoirement par des ponts en bois.

H. TARTIÈRE.

Archiviste des Landes, correspondant du ministère de l'instruction publique pour les travaux historiques, associé correspondant de la société nationale des antiquaires de France, etc.

www.ingramcontent.com/pod-product-compliance
Lightning Source LLC
Chambersburg PA
CBHW070709050426
42451CB00008B/561